2025

MY RACING JOURNAL

© 2024, MY RACING JOURNEY
ÉDITION : BOD · BOOKS ON DEMAND GMBH, IN DE TARPEN 42,
22848 NORDERSTEDT (ALLEMAGNE)
IMPRESSION : LIBRI PLUREOS GMBH, FRIEDENSALLEE 273,
22763 HAMBURG (ALLEMAGNE)
ISBN : 978-2-3225-5372-3
DÉPÔT LÉGAL : DECEMBRE 2024

2025
SEASON

SEASON PREDICTIONS

WORLD CHAMPION DRIVER WILL BE...

CORRECT ?

CONSTRUCTOR CHAMPION WILL BE...

DRIVER WITH THE FEWEST POINTS WILL BE...

TEAM WITH THE FEWEST POINTS WILL BE...

DRIVER WITH MOST POLE POSITIONS WILL BE...

MOST DNF DRIVER WILL BE...

CALENDAR

- #1
- #2
- #3
- #4
- #5
- #6
- #7
- #8
- #9
- #10
- #11
- #12
- #13
- #14

TEAMS/DRIVERS

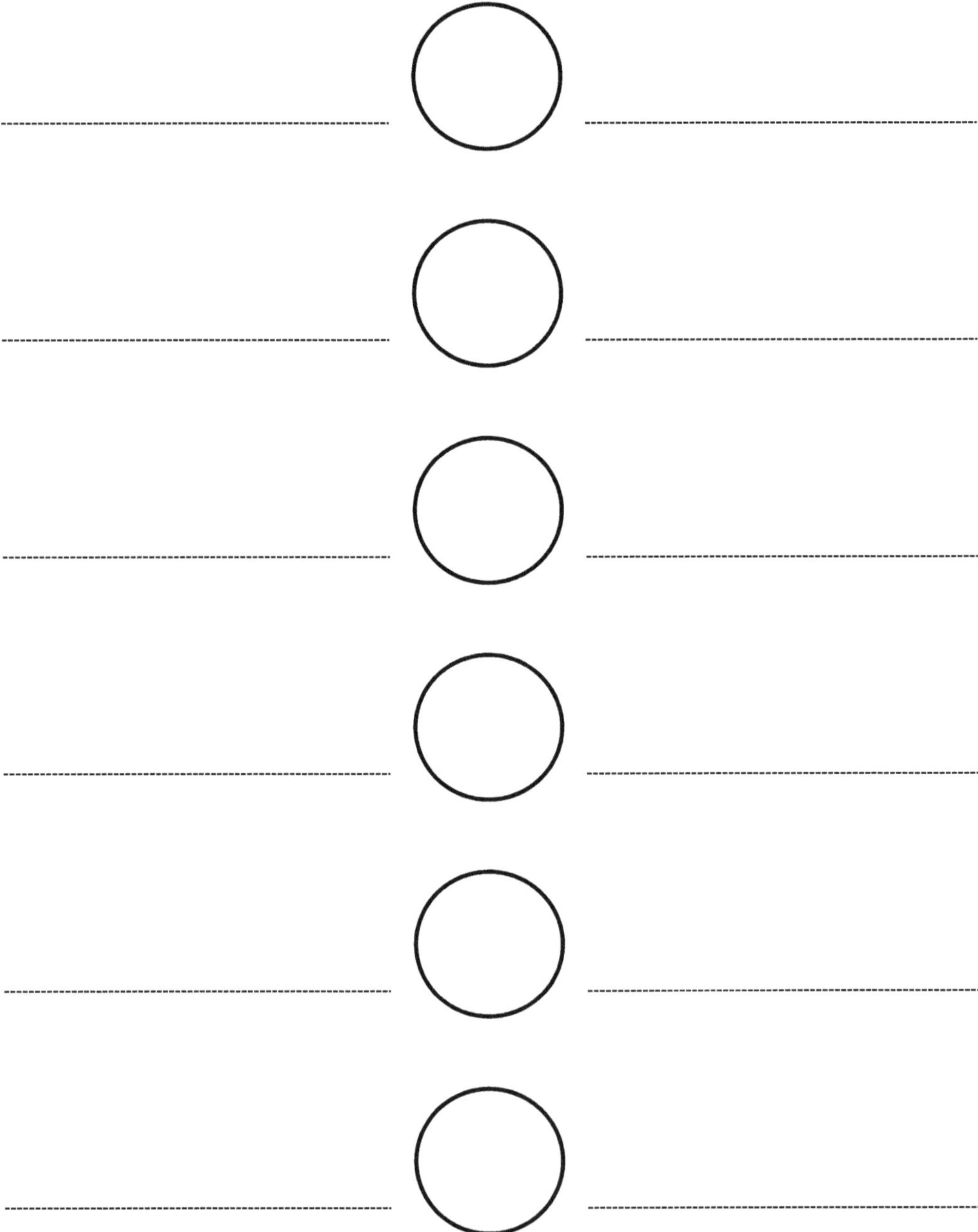

TEAMS/DRIVERS

RACE 1:

CIRCUIT INFORMATION

FIRST RACE

CIRCUIT LENGTH

LAP RECORD

SPRINT RACE:

#LAPS:

LENGHT:

FEATURE RACE:

#LAPS:

LENGHT:

GP SCHEDULE

GP FINAL RESULTS

FREE PRACTICE FASTEST LAP

QUALIFYING FASTEST LAP

SPRINT FASTEST LAP

FEATURE RACE FASTEST LAP

SPRINT RACE WINNER

FEATURE RACE WINNER

GP HIGHLIGHTS

FREE PRACTICE

1
2
3
4
5
6
7
8
9
10
11
12
13
14
15
16
17
18
19
20
21
22

QUALIFYING

1
2
3
4
5
6
7
8
9
10
11
12
13
14
15
16
17
18
19
20
21
22

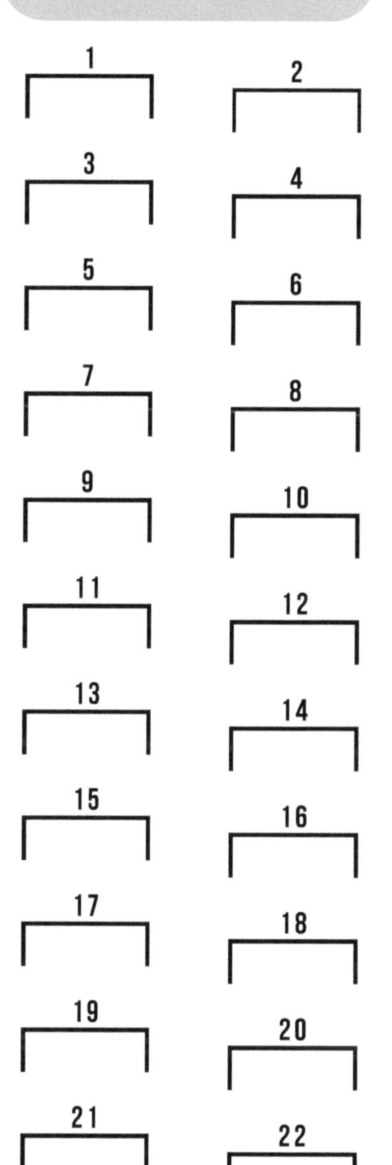

SPRINT RACE

1 2
3 4
5 6
7 8
9 10
11 12
13 14
15 16
17 18
19 20
21 22

FEATURE RACE

1 2
3 4
5 6
7 8
9 10
11 12
13 14
15 16
17 18
19 20
21 22

RACE 2:

CIRCUIT INFORMATION

FIRST RACE

CIRCUIT LENGTH

LAP RECORD

SPRINT RACE:

#LAPS:

LENGHT:

FEATURE RACE:

#LAPS:

LENGHT:

GP SCHEDULE

GP FINAL RESULTS

FREE PRACTICE FASTEST LAP

QUALIFYING FASTEST LAP

SPRINT FASTEST LAP

FEATURE RACE FASTEST LAP

SPRINT RACE WINNER

FEATURE RACE WINNER

GP HIGHLIGHTS

FREE PRACTICE

1
2
3
4
5
6
7
8
9
10
11
12
13
14
15
16
17
18
19
20
21
22

QUALIFYING

1
2
3
4
5
6
7
8
9
10
11
12
13
14
15
16
17
18
19
20
21
22

SPRINT RACE

FEATURE RACE

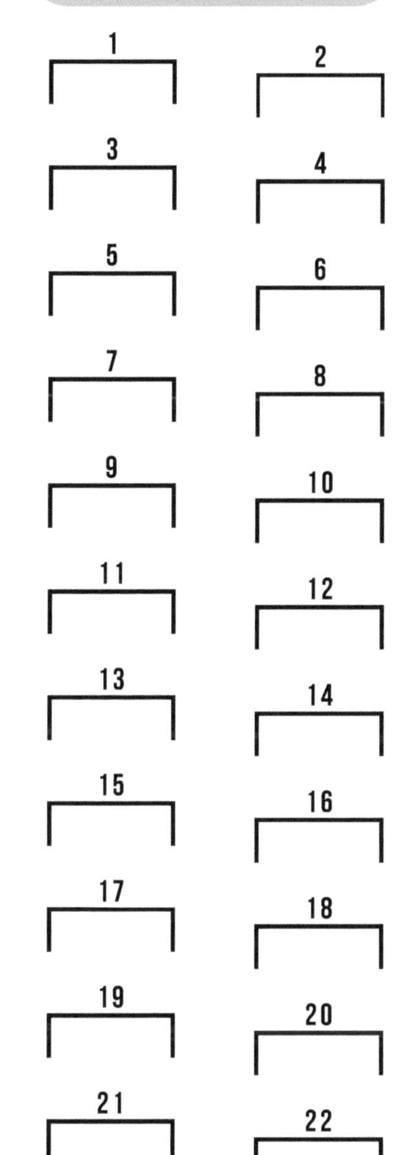

RACE 3:

TRACK

CIRCUIT INFORMATION

FIRST RACE

CIRCUIT LENGTH

LAP RECORD

SPRINT RACE:

#LAPS:

LENGHT:

FEATURE RACE:

#LAPS:

LENGHT:

GP SCHEDULE

GP FINAL RESULTS

FREE PRACTICE FASTEST LAP

QUALIFYING FASTEST LAP

SPRINT FASTEST LAP

FEATURE RACE FASTEST LAP

SPRINT RACE WINNER

FEATURE RACE WINNER

GP HIGHLIGHTS

FREE PRACTICE

1 2
3 4
5 6
7 8
9 10
11 12
13 14
15 16
17 18
19 20
21 22

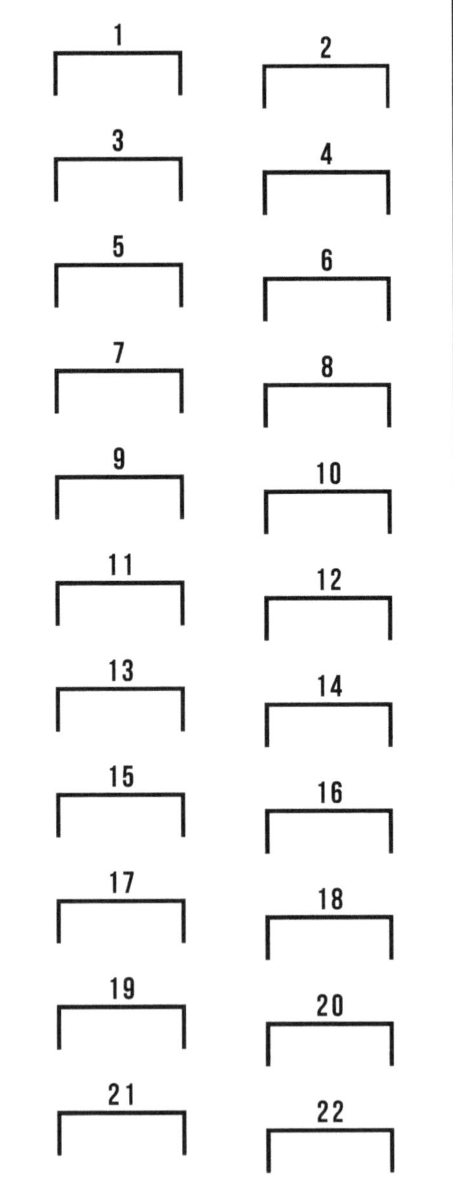

QUALIFYING

1 2
3 4
5 6
7 8
9 10
11 12
13 14
15 16
17 18
19 20
21 22

SPRINT RACE

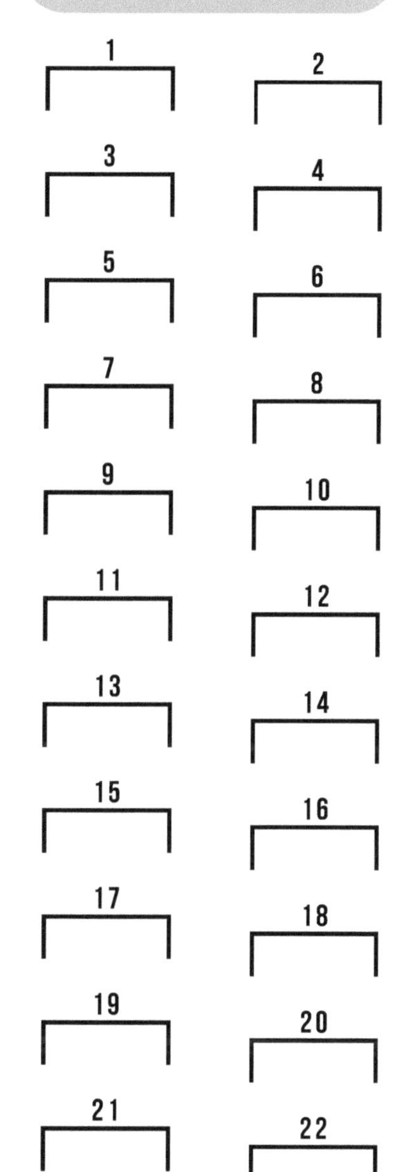

FEATURE RACE

1	2
3	4
5	6
7	8
9	10
11	12
13	14
15	16
17	18
19	20
21	22

RACE 4:

CIRCUIT INFORMATION

FIRST RACE

CIRCUIT LENGTH

LAP RECORD

SPRINT RACE:

#LAPS:

LENGHT:

FEATURE RACE:

#LAPS:

LENGHT:

GP SCHEDULE

GP FINAL RESULTS

FREE PRACTICE FASTEST LAP

QUALIFYING FASTEST LAP

SPRINT FASTEST LAP

FEATURE RACE FASTEST LAP

SPRINT RACE WINNER

FEATURE RACE WINNER

GP HIGHLIGHTS

FREE PRACTICE

1 2 3 4 5 6 7 8 9 10 11 12 13 14 15 16 17 18 19 20 21 22

QUALIFYING

1 2 3 4 5 6 7 8 9 10 11 12 13 14 15 16 17 18 19 20 21 22

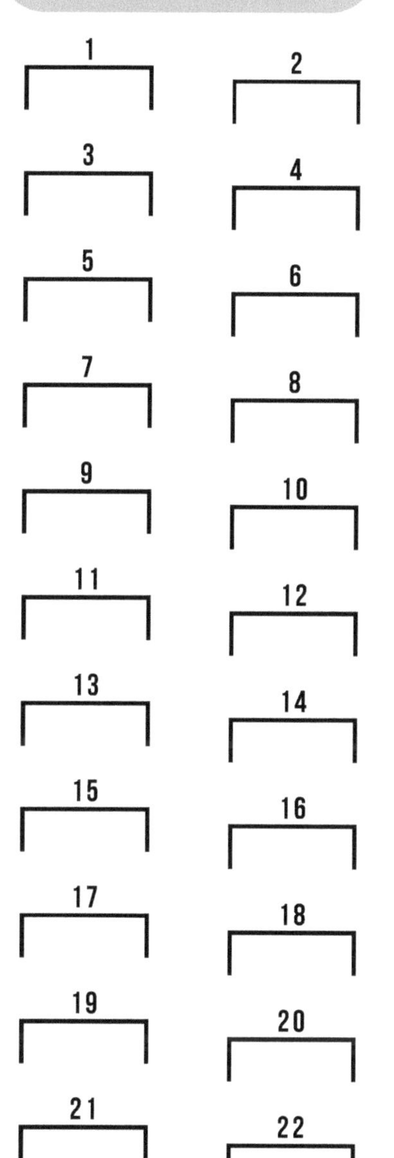

SPRINT RACE	FEATURE RACE
1	1
2	2
3	3
4	4
5	5
6	6
7	7
8	8
9	9
10	10
11	11
12	12
13	13
14	14
15	15
16	16
17	17
18	18
19	19
20	20
21	21
22	22

RACE 5:

CIRCUIT INFORMATION

FIRST RACE

CIRCUIT LENGTH

LAP RECORD

SPRINT RACE:

#LAPS:

LENGHT:

FEATURE RACE:

#LAPS:

LENGHT:

GP SCHEDULE

GP FINAL RESULTS

FREE PRACTICE FASTEST LAP

QUALIFYING FASTEST LAP

SPRINT FASTEST LAP

FEATURE RACE FASTEST LAP

SPRINT RACE WINNER

FEATURE RACE WINNER

GP HIGHLIGHTS

FREE PRACTICE
1
2
3
4
5
6
7
8
9
10
11
12
13
14
15
16
17
18
19
20
21
22
QUALIFYING
1
2
3
4
5
6
7
8
9
10
11
12
13
14
15
16
17
18
19
20
21
22

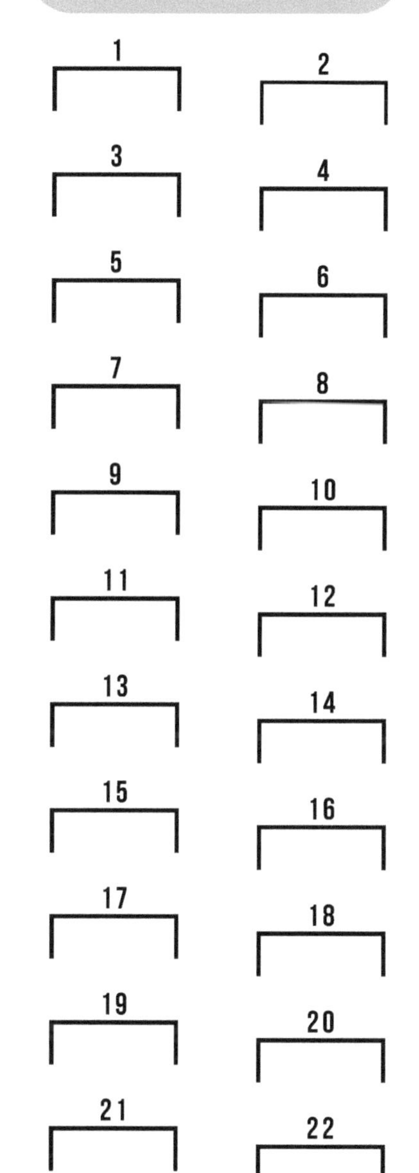

SPRINT RACE

1	2
3	4
5	6
7	8
9	10
11	12
13	14
15	16
17	18
19	20
21	22

FEATURE RACE

1	2
3	4
5	6
7	8
9	10
11	12
13	14
15	16
17	18
19	20
21	22

RACE 6:

CIRCUIT INFORMATION

FIRST RACE

CIRCUIT LENGTH

LAP RECORD

SPRINT RACE:

#LAPS:

LENGHT:

FEATURE RACE:

#LAPS:

LENGHT:

GP SCHEDULE

GP FINAL RESULTS

FREE PRACTICE FASTEST LAP

QUALIFYING FASTEST LAP

SPRINT FASTEST LAP

FEATURE RACE FASTEST LAP

SPRINT RACE WINNER

FEATURE RACE WINNER

GP HIGHLIGHTS

FREE PRACTICE		QUALIFYING	
1	2	1	2
3	4	3	4
5	6	5	6
7	8	7	8
9	10	9	10
11	12	11	12
13	14	13	14
15	16	15	16
17	18	17	18
19	20	19	20
21	22	21	22

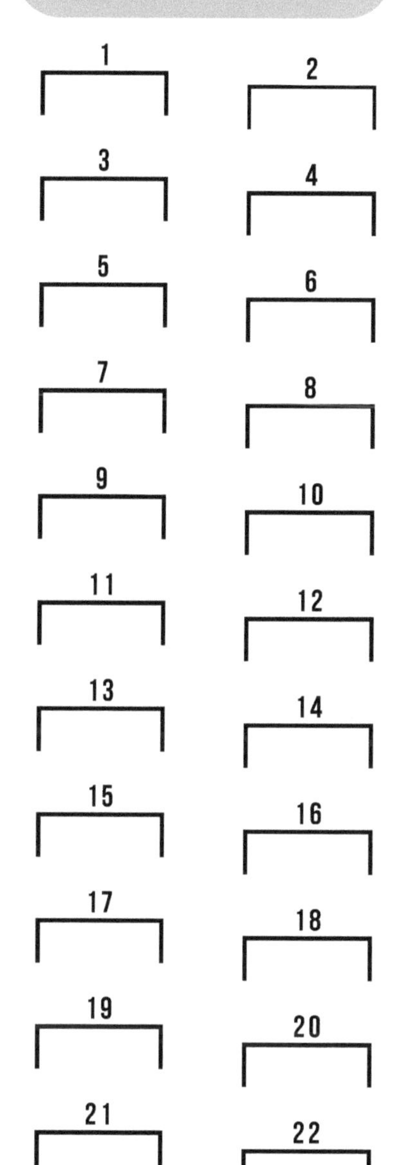

SPRINT RACE
1
2
3
4
5
6
7
8
9
10
11
12
13
14
15
16
17
18
19
20
21
22

FEATURE RACE
1
2
3
4
5
6
7
8
9
10
11
12
13
14
15
16
17
18
19
20
21
22

RACE 7:

CIRCUIT INFORMATION

FIRST RACE

CIRCUIT LENGTH

LAP RECORD

SPRINT RACE:

#LAPS:

LENGHT:

FEATURE RACE:

#LAPS:

LENGHT:

GP SCHEDULE

GP FINAL RESULTS

FREE PRACTICE FASTEST LAP

QUALIFYING FASTEST LAP

SPRINT FASTEST LAP

FEATURE RACE FASTEST LAP

SPRINT RACE WINNER

FEATURE RACE WINNER

GP HIGHLIGHTS

FREE PRACTICE

1
2
3
4
5
6
7
8
9
10
11
12
13
14
15
16
17
18
19
20
21
22

QUALIFYING

1
2
3
4
5
6
7
8
9
10
11
12
13
14
15
16
17
18
19
20
21
22

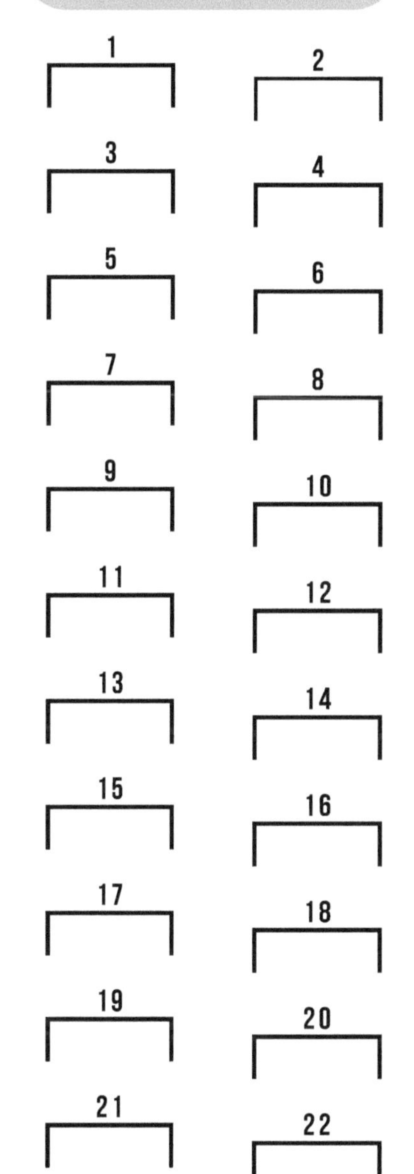

SPRINT RACE

1	2
3	4
5	6
7	8
9	10
11	12
13	14
15	16
17	18
19	20
21	22

FEATURE RACE

1	2
3	4
5	6
7	8
9	10
11	12
13	14
15	16
17	18
19	20
21	22

RACE 8:

CIRCUIT INFORMATION

FIRST RACE

CIRCUIT LENGTH

LAP RECORD

SPRINT RACE:

#LAPS:

LENGHT:

FEATURE RACE:

#LAPS:

LENGHT:

GP SCHEDULE

GP FINAL RESULTS

FREE PRACTICE FASTEST LAP

QUALIFYING FASTEST LAP

SPRINT FASTEST LAP

FEATURE RACE FASTEST LAP

SPRINT RACE WINNER

FEATURE RACE WINNER

GP HIGHLIGHTS

<table>
<tr><td>

FREE PRACTICE

1	2
3	4
5	6
7	8
9	10
11	12
13	14
15	16
17	18
19	20
21	22

</td><td>

QUALIFYING

1	2
3	4
5	6
7	8
9	10
11	12
13	14
15	16
17	18
19	20
21	22

</td></tr>
</table>

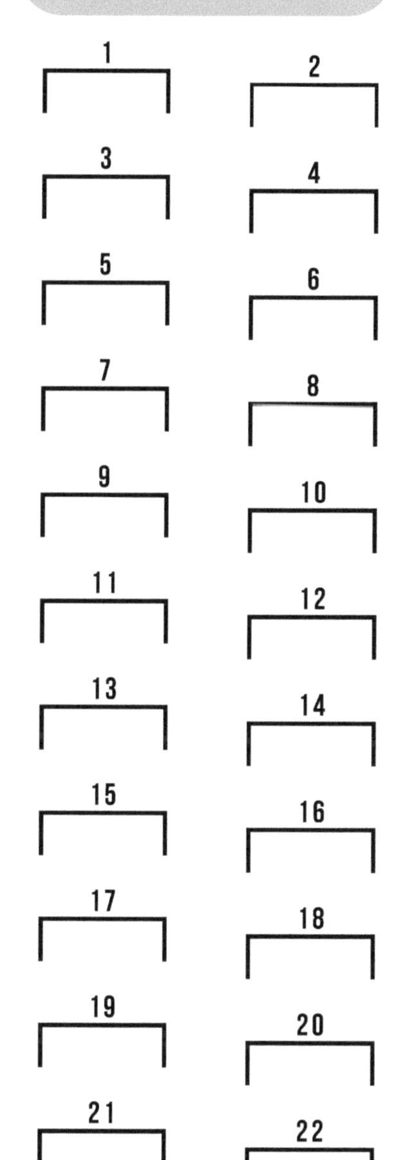

SPRINT RACE

1	2
3	4
5	6
7	8
9	10
11	12
13	14
15	16
17	18
19	20
21	22

FEATURE RACE

1	2
3	4
5	6
7	8
9	10
11	12
13	14
15	16
17	18
19	20
21	22

RACE 9:

CIRCUIT INFORMATION

FIRST RACE

CIRCUIT LENGTH

LAP RECORD

SPRINT RACE:

#LAPS:

LENGHT:

FEATURE RACE:

#LAPS:

LENGHT:

GP SCHEDULE

GP FINAL RESULTS

FREE PRACTICE FASTEST LAP

QUALIFYING FASTEST LAP

SPRINT FASTEST LAP

FEATURE RACE FASTEST LAP

SPRINT RACE WINNER

FEATURE RACE WINNER

GP HIGHLIGHTS

FREE PRACTICE
1
2
3
4
5
6
7
8
9
10
11
12
13
14
15
16
17
18
19
20
21
22
QUALIFYING
1
2
3
4
5
6
7
8
9
10
11
12
13
14
15
16
17
18
19
20
21
22

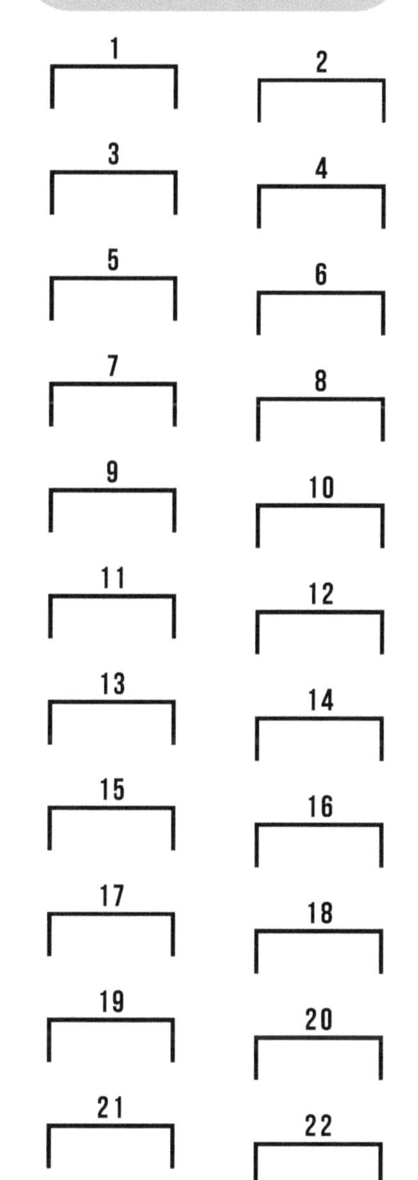

SPRINT RACE
1
2
3
4
5
6
7
8
9
10
11
12
13
14
15
16
17
18
19
20
21
22

FEATURE RACE
1
2
3
4
5
6
7
8
9
10
11
12
13
14
15
16
17
18
19
20
21
22

RACE 10:

CIRCUIT INFORMATION

FIRST RACE

CIRCUIT LENGTH

LAP RECORD

SPRINT RACE:

#LAPS:

LENGHT:

FEATURE RACE:

#LAPS:

LENGHT:

GP SCHEDULE

GP FINAL RESULTS

FREE PRACTICE FASTEST LAP

QUALIFYING FASTEST LAP

SPRINT FASTEST LAP

FEATURE RACE FASTEST LAP

SPRINT RACE WINNER

FEATURE RACE WINNER

GP HIGHLIGHTS

FREE PRACTICE

1
2
3
4
5
6
7
8
9
10
11
12
13
14
15
16
17
18
19
20
21
22

QUALIFYING

1
2
3
4
5
6
7
8
9
10
11
12
13
14
15
16
17
18
19
20
21
22

SPRINT RACE

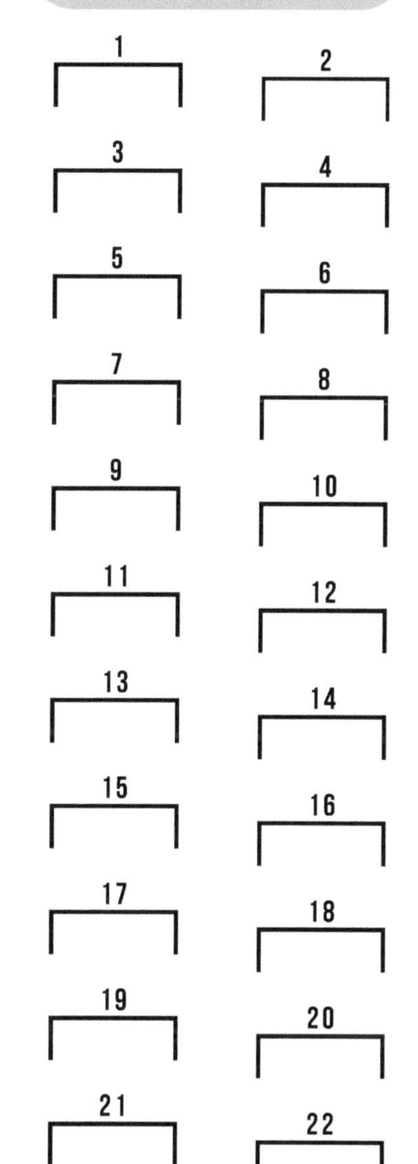

FEATURE RACE

RACE 11:

CIRCUIT INFORMATION

FIRST RACE

CIRCUIT LENGTH

LAP RECORD

SPRINT RACE:

#LAPS:

LENGHT:

FEATURE RACE:

#LAPS:

LENGHT:

GP SCHEDULE

GP FINAL RESULTS

FREE PRACTICE FASTEST LAP

QUALIFYING FASTEST LAP

SPRINT FASTEST LAP

FEATURE RACE FASTEST LAP

SPRINT RACE WINNER

FEATURE RACE WINNER

GP HIGHLIGHTS

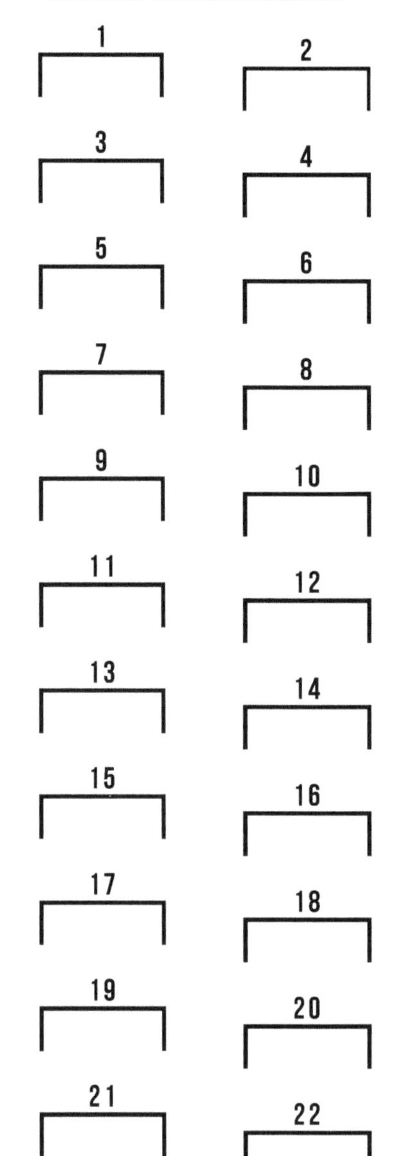

FREE PRACTICE	QUALIFYING
1	1
2	2
3	3
4	4
5	5
6	6
7	7
8	8
9	9
10	10
11	11
12	12
13	13
14	14
15	15
16	16
17	17
18	18
19	19
20	20
21	21
22	22

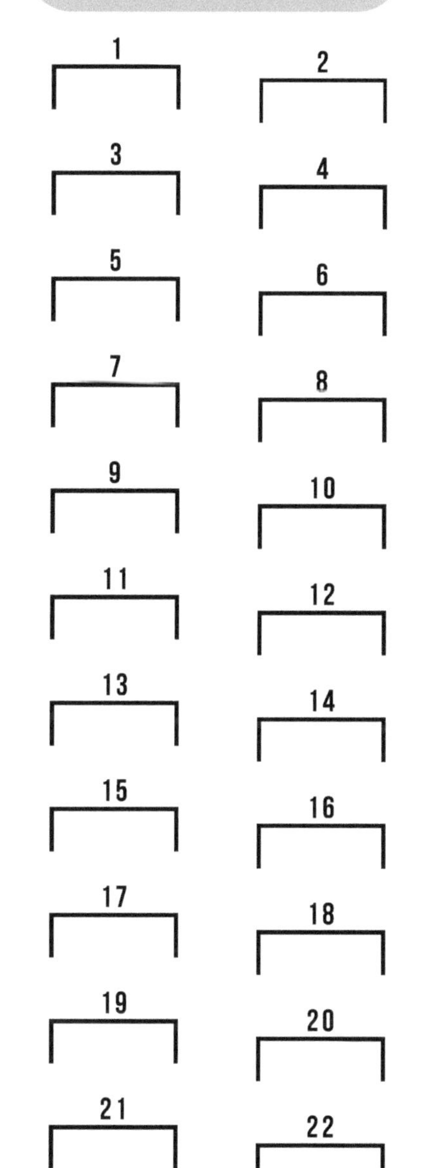

FEATURE RACE

RACE 12:

CIRCUIT INFORMATION

FIRST RACE

CIRCUIT LENGTH

LAP RECORD

SPRINT RACE:

#LAPS:

LENGHT:

FEATURE RACE:

#LAPS:

LENGHT:

GP SCHEDULE

GP FINAL RESULTS

FREE PRACTICE FASTEST LAP

QUALIFYING FASTEST LAP

SPRINT FASTEST LAP

FEATURE RACE FASTEST LAP

SPRINT RACE WINNER

FEATURE RACE WINNER

GP HIGHLIGHTS

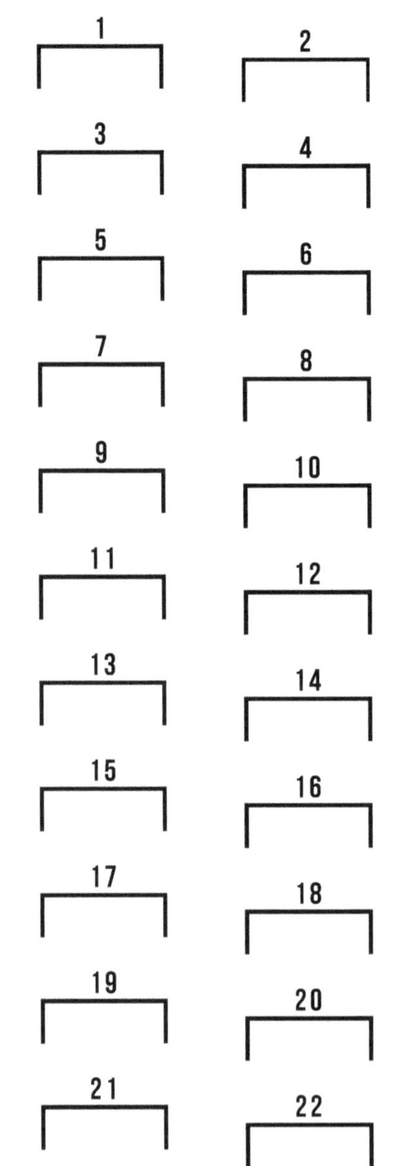

FREE PRACTICE

1
2
3
4
5
6
7
8
9
10
11
12
13
14
15
16
17
18
19
20
21
22

QUALIFYING

1
2
3
4
5
6
7
8
9
10
11
12
13
14
15
16
17
18
19
20
21
22

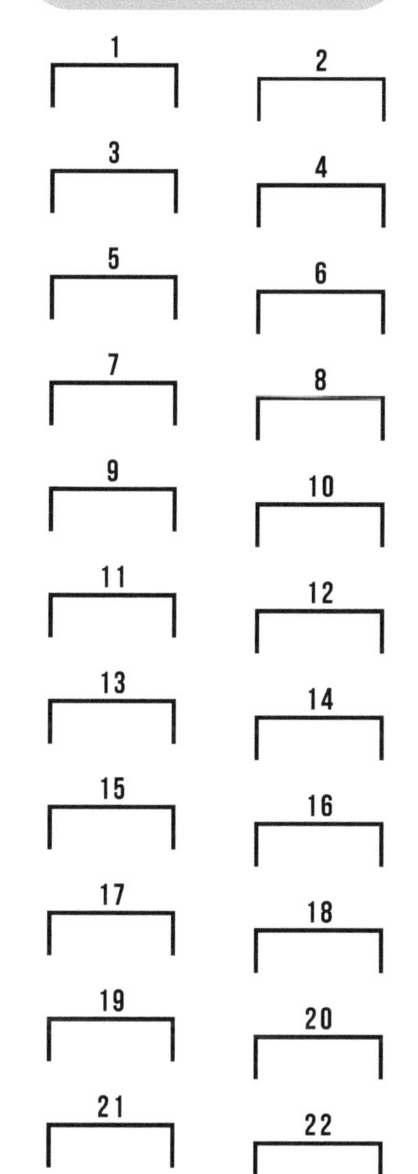

FEATURE RACE

RACE 13:

TRACK

CIRCUIT INFORMATION

FIRST RACE

CIRCUIT LENGTH

LAP RECORD

SPRINT RACE:

#LAPS:

LENGHT:

FEATURE RACE:

#LAPS:

LENGHT:

GP SCHEDULE

GP FINAL RESULTS

FREE PRACTICE FASTEST LAP

QUALIFYING FASTEST LAP

SPRINT FASTEST LAP

FEATURE RACE FASTEST LAP

SPRINT RACE WINNER

FEATURE RACE WINNER

GP HIGHLIGHTS

FREE PRACTICE

1 2
3 4
5 6
7 8
9 10
11 12
13 14
15 16
17 18
19 20
21 22

QUALIFYING

1 2
3 4
5 6
7 8
9 10
11 12
13 14
15 16
17 18
19 20
21 22

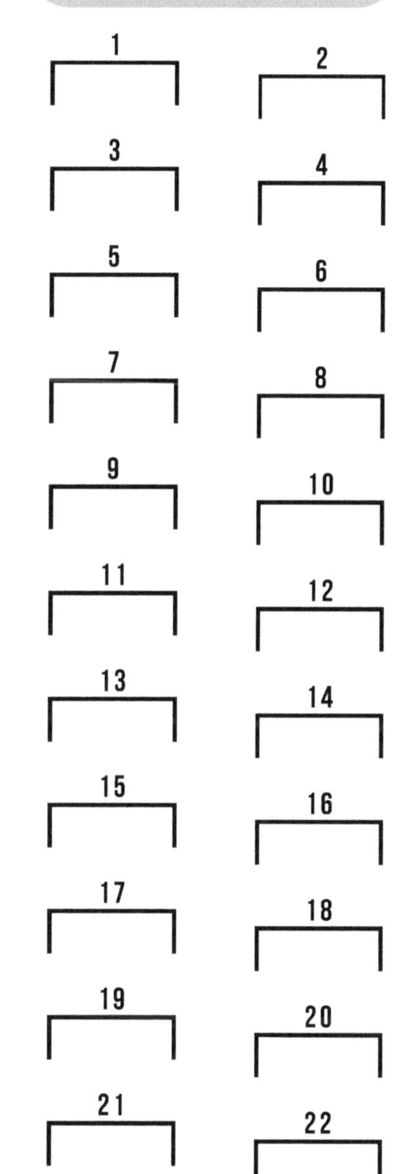

SPRINT RACE
1
2
3
4
5
6
7
8
9
10
11
12
13
14
15
16
17
18
19
20
21
22

FEATURE RACE
1
2
3
4
5
6
7
8
9
10
11
12
13
14
15
16
17
18
19
20
21
22

RACE 14:

CIRCUIT INFORMATION

FIRST RACE

CIRCUIT LENGTH

LAP RECORD

SPRINT RACE:

#LAPS:

LENGHT:

FEATURE RACE:

#LAPS:

LENGHT:

GP SCHEDULE

GP FINAL RESULTS

FREE PRACTICE FASTEST LAP

QUALIFYING FASTEST LAP

SPRINT FASTEST LAP

FEATURE RACE FASTEST LAP

SPRINT RACE WINNER

FEATURE RACE WINNER

GP HIGHLIGHTS

1
2
3
4
5
6
7
8
9
10
11
12
13
14
15
16
17
18
19
20
21
22

1
2
3
4
5
6
7
8
9
10
11
12
13
14
15
16
17
18
19
20
21
22

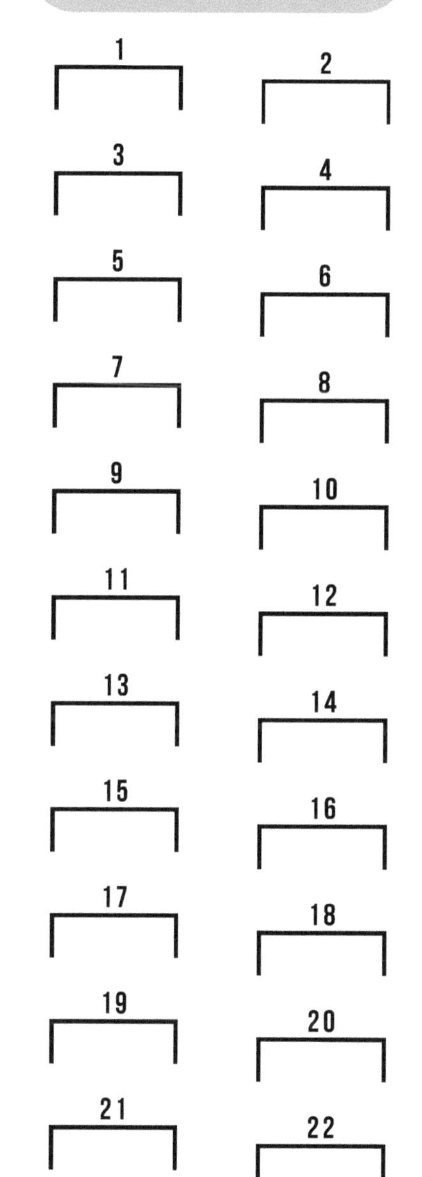

<table>
<tr><td>

SPRINT RACE

1	2
3	4
5	6
7	8
9	10
11	12
13	14
15	16
17	18
19	20
21	22

</td><td>

FEATURE RACE

1	2
3	4
5	6
7	8
9	10
11	12
13	14
15	16
17	18
19	20
21	22

</td></tr>
</table>

SEASON RESULTS

P1 P2 P3 SPRINT RACE: 4-8 / FEATURE RACE: 4-10 SPRINT RACE: 9-22 / FEATURE RACE: 11-22 DNF DID NOT RACE

	S	F	S	F	S	F	S	F	S	F	S	F	S	F	S	F	S	F	S	F
1																				
2																				
3																				
4																				
5																				
6																				
7																				
8																				
9																				
10																				
11																				
12																				
13																				
14																				

S = SPRINT RACE   F = FEATURE RACE

SEASON RESULTS

	S	F	S	F	S	F	S	F	S	F	S	F	S	F	S	F	S	F	S	F	S	F	S	F
1																								
2																								
3																								
4																								
5																								
6																								
7																								
8																								
9																								
10																								
11																								
12																								
13																								
14																								

FINAL DRIVER STANDINGS

DRIVERS

POINTS

FINAL DRIVER STANDINGS

DRIVERS

POINTS

FINAL CONSTRUCTOR STANDINGS

TEAMS	POINTS

GRAND-PRIX RATINGS